ORDONNANCE DU ROY,

Pour renouveller les défenſes à tous gens de guerre, ſur le commerce du faux ſel, du faux tabac & des marchandiſes de contrebande.

Du premier Octobre 1743.

A PARIS,
DE L'IMPRIMERIE ROYALE.

M. DCCXLIII.

ORDONNANCE DU ROY,

Pour renouveller les défenses à tous gens de guerre, sur le commerce du faux sel, du faux tabac & des marchandises de contrebande.

Du premier Octobre 1743.

DE PAR LE ROY.

SA MAJESTÉ desirant prévenir les versemens de faux sel, de faux tabac & autres marchandises de contrebande que pourroit occasionner, au préjudice de ses fermes, la prochaine séparation de ses armées, de la part des troupes qui iront en quartier d'hiver dans l'intérieur du royaume, ou passeront d'une province dans une autre, Elle a jugé à propos de renouveller les défenſes portées par ſon ordonnance du 20. avril 1734. dans laquelle ſe trouvent aſſemblées toutes les diſpoſitions des précédentes, tant à l'égard des troupes revenant de ſes armées, que de celles qui reſtent en garniſon ou en quartier dans le royaume, & , en conſéquence, Elle a ordonné & ordonne ce qui ſuit.

ARTICLE PREMIER.

DÉFEND très-expreſſément Sa Majeſté à tous Chefs, Officiers, Gardes-du-corps, Gendarmes, Chevaux-légers & Mouſquetaires de ſa garde, Gendarmes ou Chevaux-légers des compagnies de ſa gendarmerie, Grenadiers à cheval, Cavaliers, Dragons & Soldats de ſes troupes françoiſes & étrangères, de ſe charger de faux ſel, faux tabac ou marchandiſes de contrebande, pour quelque cauſe & ſous quelque prétexte que ce ſoit; à peine auxdits Chefs, Officiers, Gardes-du-corps, Gendarmes, Chevaux-légers & Mouſquetaires de ſa garde, Gendarmes & Chevaux-légers des compagnies de ſa gendarmerie, & Grenadiers à cheval, de confiſcation tant deſdites marchandiſes de contrebande, faux ſel & faux tabac, que des harnois, chevaux, chariots & autres équipages à eux appartenant, ſur leſquels il s'en trouvera; & en outre, d'être perſonnellement châtiez, ſoit par priſon, amende ou caſſation de leurs emplois, & même de leur être le procès fait extraordinairement ſuivant l'exigence des cas, ainſi qu'il ſera décidé par Sa Majeſté, ſur le vû des procès verbaux des commis, & autres preuves qui seront adressées au Secrétaire d'état de la guerre, pour lui en rendre compte; & à peine auxdits Cavaliers, Dragons & Soldats, d'être châtiez ainsi qu'il sera ci-après expliqué.

II.

TOUT Cavalier, Dragon ou Soldat absent de sa troupe, avec congé expédié dans les formes prescrites par Sa Majesté, qui sera arrêté étant porteur de faux sel, faux tabac ou marchandises de contrebande, sera conduit & écroué à la requête du fermier, dans les prisons les plus prochaines du lieu où il aura été arrêté, pour lui être son procès fait, & jugé par les juges ordinaires des fermes, suivant la rigueur des ordonnances rendues sur le fait desdites fermes, sans qu'il puisse être reclamé par ses Officiers: Et lorsqu'il se trouvera absent & éloigné de sa troupe, au delà des distances prescrites, sans être muni d'un congé, il sera écroué comme déserteur, dans les prisons royales les plus prochaines du lieu où il aura été arrêté, pour être conduit au régiment dont il sera, & y être condamné par le Conseil de guerre, à la peine de mort.

III.

LORSQUE ceux qui étant en garnison ou en quartier dans les villes & autres lieux où la ferme du tabac est établie, useront de faux tabac, ledit faux tabac sera confisqué, & ceux qui en seront trouvez saisis, seront arrêtez

& condamnez par le Conſeil de guerre; ſçavoir, pour la première fois, à trois mois de priſon & à cent livres d'amende au profit des fermes, dont il ſera fait retenue ſur les appointemens de l'Officier qui ſe trouvera commander la compagnie dans le lieu du délit, par le Tréſorier général de l'extraordinaire des guerres, ou ſon commis chargé du payement de ladite compagnie; & ce, ſuivant les ordres de l'Intendant dans le département duquel elle ſe trouvera, & ſur la ſimple quittance du commis du fermier, au bas d'une copie collationnée de la ſentence rendue contre le coupable; & en cas de récidive, ils ſeront condamnez aux galères perpétuelles. Entend Sa Majeſté, que les Cavaliers, Dragons ou Soldats qui ne ſeront trouvez ſaiſis ſur eux, hors le lieu de leur logement, que d'une livre de faux tabac & au-deſſous, & ceux qui n'en auront chacun dans leurs chambres ou caſernes, que juſqu'à concurrence de deux livres, ſoient réputez n'avoir ledit faux tabac que pour leur uſage ſeulement.

I V.

CEUX qui feront commerce de faux ſel, de faux tabac, ou de marchandiſes prohibées, ſi c'eſt avec port d'armes à feu, ſeront condamnez par le Conſeil de guerre à être pendus & étranglez; ſi c'eſt ſans port d'armes, ils ſeront condamnez aux galères perpétuelles. Veut Sa Majeſté que les Cavaliers, Dragons & Soldats, qui ſeront trouvez ſaiſis ſur eux, hors le lieu de leur logement, de plus d'une livre de faux tabac, ou qui en auront chacun dans leurs chambres ou casernes, plus de deux livres; & que ceux qui seront pareillement trouvez saisis de quelque quantité de faux sel que ce puisse être, soit sur eux hors de leur logement, ou dans leurs chambres & casernes, soient réputez avoir lesdits faux tabac & faux sel, pour en faire commerce. A l'égard des marchandises prohibées, autres que le faux sel & le faux tabac, Sa Majesté se remet à la prudence des Officiers qui composeront le Conseil de guerre, d'infliger les peines établies par le présent article, ou celles énoncées dans l'article précédent, suivant qu'ils auront lieu de juger par la quantité desdites marchandises prohibées, que ceux qui en seront trouvez saisis les auront pour leur usage, ou pour en faire commerce.

V.

CEUX desdits Cavaliers, Dragons ou Soldats, qui seront arrêtez dans les provinces frontières, pour les cas énoncez dans les deux articles précédens, soit par les employés des fermes, par les Maréchaussées, ou autres, seront conduits & remis au pouvoir des Officiers de l'Etat-major de celle des places la plus voisine, où il y aura Etat-major, pour y être jugez par le Conseil de guerre, sans avoir égard à la dépendance du lieu où ils pourroient avoir été arrêtez. Ordonne & enjoint très-expressément Sa Majesté aux Commandans desdites places, de faire assembler sans délai le Conseil de guerre, pour en icelui, sur le procès verbal des employés & autres, & sur le rapport & les conclusions du Major ou Aide-major de la place, procéder contre les coupables, & iceux condamner aux peines ci-dessus ordonnées, sans que lesdits Officiers puissent s'en dispenser sous quelque prétexte que ce puisse être: Et pour ôter auxdits Cavaliers, Dragons ou Soldats, les moyens de faire le commerce de faux sel, de faux tabac ou de marchandises prohibées, Sa Majesté leur a défendu & défend de sortir des villes, places & lieux où ils seront en garnison ou en quartier, sans congé expédié dans les formes prescrites; à peine contre ceux qui se trouveront éloignez desdites villes, places & lieux, au delà de la distance prescrite par les ordonnances de Sa Majesté, sans être munis d'un congé, d'être punis comme déserteurs.

V I.

Et à l'égard des troupes étant en garnison ou en quartier dans les provinces intérieures, les délinquans seront conduits & écrouez dans les prisons les plus prochaines du lieu où ils auront été arrêtez, pour être leur procès fait & jugé dans la forme prescrite par l'article précédent, dans un Conseil de guerre qui sera pour cet effet assemblé par l'ordre du Commandant de la garnison ou du régiment, & ce sur les conclusions du Major ou Aide-major du régiment dont seront lesdits délinquans.

V I I.

Défend très-expressément Sa Majesté aux Cavaliers, Dragons & Soldats de se travestir ou changer leur habit de de Cavalier, Dragon ou Soldat, à peine contre ceux qui seront trouvez déguisez dedans ou dehors la garnison, quoique dans les distances permises, de tenir prison pendant trois mois : Entend Sa Majesté qu'il reste toûjours aux régimens un nombre suffisant d'Officiers pour les contenir ; & que par les Majors, Aide-majors ou autres Officiers chargez du détail, il soit fait régulièrement deux fois le jour, le matin & le soir, l'appel des Cavaliers, Dragons & Soldats de leur régiment, pour rendre compte aux Gouverneurs ou Commandans des places, de ceux qui ne s'y seront pas trouvez présens.

VIII.

ENJOINT Sa Majesté aux Commandans desdites places, de faire faire la revûe desdites troupes toutes les fois qu'ils en seront requis, pour connoître les absens, & procéder contr'eux suivant la rigueur des ordonnances.

IX.

VEUT aussi Sa Majesté que les Cavaliers, Dragons ou Soldats qui, trois jours après que le régiment sera sorti de la garnison, seront trouvez dans les places ou lieux circonvoisins des endroits où ils étoient en quartier d'hiver, soient arrêtez & punis comme déserteurs, si ce n'est qu'ils fussent restez malades aux hôpitaux, ou s'ils n'ont des congés en forme.

X.

LES accusations qui ne tendront qu'à la peine de prison

ou d'amende pécuniaire, feront jugées fur le vû des procès verbaux des employés des fermes, par eux affirmez véritables, fans qu'il foit befoin de recollement ni de confrontation.

XI.

Celles qui fe trouveront fufceptibles de peines afflictives, ne pourront être jugées qu'après une inftruction entière, par audition de témoins, recollement & confrontation: Déclare Sa Majefté le témoignage de deux gardes, conforme dans la répétition & confrontation, fuffifant pour la conviction des accufez.

XII.

Enjoint Sa Majefté aux Commandans de fes places, & aux Officiers-commandans de fes garnifons ou quartiers expofez à la contrebande & au commerce de faux fel & de faux tabac, de tenir foigneufement la main à ce qu'aucun Cavalier, Dragon ou Soldat, n'en puiffe fortir armé de fufil, piftolets, bayonnette, & même avec le fabre & l'épée, à peine d'être refponfables des dommages qui pourroient être commis au moyen defdites armes, tant au préjudice des fermes, que des particuliers.

XIII.

Leur enjoint pareillement, lorfqu'ils en feront requis par les Directeurs des fermes, d'ordonner une garde aux portes, brèches & autres endroits defdites garnifons ou quartiers expofez au faux-faunage ou à la contrebande,

& même de commander des détachemens, à la première réquisition des employés, pour courir sus aux faux-sauniers & contrebandiers.

X I V.

LORSQUE les employés auront avis de quelque dépôt de sel, de tabac ou de marchandises de contrebande dans les casernes, greniers, écuries & logemens des troupes, ils s'adresseront au Commandant de la garnison ou du quartier, pour ordonner à un Officier d'aller avec eux pour leur faciliter la visite, & faire arrêter ceux qui se trouveront en contravention; ce qui ne pourra être refusé ni différé de la part dudit Commandant & autres Officiers, à peine d'être personnellement responsables des dommages & intérêts du fermier, même d'être privez de leurs emplois si le cas y échéoit, ainsi qu'il sera décidé par Sa Majesté sur le vû des procès verbaux & autres preuves qui seront administrées au Secrétaire d'état de la guerre, pour lui en rendre compte.

X V.

LA contrebande & le commerce du faux sel & du faux tabac ne pouvant se faire dans les forts, citadelles & châteaux, sans que les Commandans & autres Officiers de l'État-major en soient informez; Sa Majesté déclare qu'Elle les rendra responsables en leur propre & privé nom, des contraventions qui pourroient s'y commettre; & que sur les preuves qui seront administrées au Secrétaire d'état de la guerre, desdites contraventions, soit qu'elles ayent été commiſes par connivence, tolérance ou inattention deſdits Officiers-majors, Elle les privera de leur emploi, & ordonnera ſur ce qui ſera dû de leurs appointemens, des retenues proportionnées aux dommages & intérêts qui auront pu en réſulter au préjudice des fermes.

XVI.

TOUTES les fois que les employés deſdites fermes jugeront à propos de faire des viſites dans leſdits châteaux, forts ou citadelles, le Commandant leur en permettra l'entrée ſans aucun retardement : Il en fera, pour cet effet, donner la conſigne au corps-de-garde de l'entrée, & commandera ſur le champ, lorſqu'ils ſe préſenteront, un Officier pour les accompagner, & empêcher qu'on ne leur apporte aucun obſtacle ou difficulté dans les viſites & perquiſitions qu'ils jugeront à propos de faire, & ce ſous les peines ordonnées par l'article précédent.

XVII.

ENJOINT Sa Majeſté aux Officiers de ſes troupes, de prêter main-forte aux employés, lorſqu'ils en ſeront requis, pour arrêter des faux-ſauniers, faux-tabatiers & contrebandiers, ſous peine de deſobéiſſance; & aux Cavaliers, Dragons & Soldats, d'arrêter ceux qu'ils pourront découvrir : Et pour les encourager de plus en plus à concourir, en ces occaſions, au bien des fermes, Elle ordonne que lorſqu'ils auront arrêté ſeuls & ſans l'aſſiſtance d'aucun employé des fermes, des faux-ſauniers, faux-tabatiers ou contrebandiers, ils auront pour récompenſe les chevaux, charrettes, armes & équipages de ceux qu'ils auront arrêtez; indépendamment de quoi il leur ſera payé cent ſols pour chaque minot de faux ſel emplacé au grenier le plus prochain du lieu où la capture aura été faite, & quinze livres pour chaque quintal de faux tabac qu'ils auront pareillement emplacé dans les plus prochains bureaux ou entrepôts de la ferme du tabac. Veut Sa Majeſté que dans les cas où ils n'auront ſaiſi que le faux ſel ou le faux tabac appartenant aux faux-ſauniers ou faux-tabatiers, ſans arrêter aucun deſdits faux-ſauniers ou faux-tabatiers, il ne leur ſoit payé que le quart des ſommes ci-deſſus; ſçavoir, vingt-cinq ſols pour l'emplacement de chaque minot de faux ſel, & trois livres quinze ſols pour l'emplacement de chaque quintal de faux tabac, outre les chevaux, charrettes, armes & équipages abandonnez ou pris ſur les fraudeurs, dont ils jouiront en quelque cas que ce puiſſe être. Veut néanmoins Sa Majeſté que dans les cas où les captures auront été faites par les troupes, conjointement avec les employés des fermes, leſdits employés participent aux récompenſes ci-deſſus, à proportion de leur nombre & de leur qualité; en ſorte cependant que le Commandant des troupes ait un tiers de plus que le Commandant des employés, & qu'un garde des fermes ait autant qu'un ſoldat. A l'égard du tabac & du ſel pris par les employés, qui ſeront conduits dans leſdits greniers, bureaux & entrepôts, ſous l'eſcorte deſdites troupes, elles auront pour ladite eſcorte vingt ſols pour chaque minot de ſel ou quintal de tabac qui y seront emplacez. Quant aux marchandises de contrebande prises par lesdites troupes, & déposées par elles aux bureaux des fermes, il leur sera réglé par les fermiers généraux, une récompense proportionnée à la valeur desdites marchandises.

XVIII.

IL sera de plus payé auxdites troupes quinze livres pour chaque faux-saunier, faux-tabatier ou contrebandier pris avec armes, sel, tabac ou marchandises de contrebande, & par elles écroué dans les prisons de la ville où le bureau, le grenier ou le dépôt des fermes le plus prochain sera établi, & dix livres pour chacun de ceux qui seront pris sans armes. Il sera en outre payé auxdites troupes vingt sols pour la conduite de chacun de ceux qui auront été arrêtez par les employés, & qu'elles auront escorté, à leur réquisition, jusqu'aux prisons.

XIX.

LESDITES sommes seront payées en vertu de la présente ordonnance, par les receveurs des greniers à sel ou bureaux du tabac où lesdites captures auront été remises, au Commandant du détachement par qui elles auront été faites; & ce immédiatement après que les procès verbaux desdites captures auront été faits & rédigez par les employés des fermes, ou par les premiers juges sur ce requis; sans qu'il puisse être apporté aucun retardement à la confection desdits procès verbaux, ni aucune difficulté au payement desdites sommes, sous quelque prétexte que ce puisse être.

X X.

Le Commandant du détachement chargé de la conduite des faux-sauniers, faux-tabatiers & contrebandiers, prendra toutes les précautions nécessaires pour leur sûreté; déclarant Sa Majesté que s'il s'en sauvoit quelqu'un, Elle l'en rendroit responsable en son propre & privé nom. Veut pareillement Sa Majesté que les Commandans des détachemens qui auront fait des saisies de faux sel, de faux tabac ou de marchandises prohibées, remettent exactement dans les greniers à sel, dans les bureaux du tabac ou dans ceux des traittes, la totalité desdits faux sel, faux tabac ou marchandises prohibées, en même nombre, espèce, volume, mesure ou poids qu'ils les auront saisis; à peine de répondre en leur propre & privé nom, de ce qui pourroit en être soustrait ou diverti, & d'être châtiez, soit par prison, amende pécuniaire ou cassation de leurs emplois, ainsi qu'il sera décidé par Sa Majesté sur le vû des procès verbaux & autres preuves qui seront administrées au Secrétaire d'état de la guerre, pour lui en rendre compte.

X X I.

S'il arrivoit que les employés des fermes conduisant des prisonniers, fussent spoliez & maltraitez par des Gendarmes, Cavaliers, Dragons & Soldats de ses troupes, soit dans les villes & lieux de leur garnison, de leurs quartiers ou des environs, ceux qui auront ſpolié la capture à main armée, ſeront punis de mort; & ceux qui auront favoriſé la ſpoliation, ſeront condamnez aux galères, ſauf plus grande peine s'il y échéoit: leur procès ſera pour cet effet inſtruit par le Prevôt de la Maréchauſſée, & jugé ſur ſon rapport au Conſeil de guerre, qui ſera aſſemblé dans le lieu de la garniſon ou du quartier, en la forme ci-deſſus preſcrite.

XXII.

VEUT en outre Sa Majeſté qu'en ces ſortes de cas le régiment dont ſeront les accuſez, demeure reſponſable de la perte du ſel, du tabac & des marchandiſes prohibées, au prix que leſdits ſel & tabac ſe vendent dans les bureaux les plus prochains des lieux où la ſpoliation aura été faite, & de tous les dépens, dommages & intérêts du fermier & des employés qui auront été maltraitez; & que ſur le jugement, & l'état qui en ſera dreſſé par leſdits fermiers ou leurs principaux commis, viſé par l'Intendant de la province, & adreſſé au Secrétaire d'état de la guerre, il ſoit pourvû au dédommagement par retenue ſur le régiment.

XXIII.

LORSQU'UN corps de troupes partira d'une garniſon ou d'un quartier où les fermes des gabelles & du tabac ne ſeront pas établies, ou de quelques lieux voiſins des provinces ou pays exempts deſdites fermes, pour s'acheminer dans ceux qui y ſeront ſujets, les Maréchaux-des-logis

logis dans la Cavalerie & dans les Dragons, & les Sergens dans l'Infanterie, visiteront exactement les havre-sacs de ceux qui sont sous leur charge, pour empêcher qu'ils ne transportent aucune quantité que ce puisse être de faux sel, de faux tabac & de marchandises de contrebande: Veut Sa Majesté que si dans les visites qui pourront être faites dans le cours de la route, ainsi qu'il sera ci-après expliqué, quelques Cavaliers, Dragons & Soldats s'en trouvent saisis, le Maréchal-des-logis ou le Sergent de la compagnie dont ils seront, soit mis en prison pour un mois à son arrivée dans la garnison, qu'il soit privé de sa moitié de sa solde pendant ledit tems; & que le Cavalier, Dragon ou Soldat qui s'en trouvera porteur, soit pareillement arrêté, conduit lié à la tête du régiment, & mis en prison en arrivant à la garnison, pour être mis au Conseil de guerre, & y être condamné aux peines portées par les articles III. ou IV. de la présente ordonnance, suivant que les quantités de faux tabac ou de marchandises de contrebande dont il se trouvera chargé, dénoteront qu'il les avoit pour son simple usage ou pour en faire commerce, & ce conformément auxdits articles.

XXIV.

INDÉPENDAMMENT de la demi-solde d'un mois retenue aux Maréchaux-des-logis & aux Sergens, qui sera appliquée aux fermiers généraux, il leur sera de plus payé sur les appoitemens de Capitaine, un dédommagement proportionné aux quantités du faux sel & de faux tabac qui auront été ſaiſis dans ſa compagnie, ſuivant les ordres qui en ſeront donnez par Sa Majeſté, ſur le rapport qui lui ſera fait de la nature & de la force de la contravention.

XXV.

ENJOINT Sa Majeſté à tous Chefs & Officiers de ſes troupes marchant ſur des routes, de les faire mettre en bataille lorſqu'ils en ſeront requis par les employés établis ſur leur paſſage; & de tenir la main à ce qu'ils faſſent la viſite des havre-ſacs des Cavaliers, Dragons & Soldats, ainſi que des coffres, valiſes & porte-manteaux que les Officiers pourront avoir avec eux.

XXVI.

LES coffres, valiſes & porte-manteaux des Officiers, dans leſquels il ſe trouvera du ſel, du tabac ou des marchandiſes de contrebande, ſeront ſaiſis par les employés, & demeureront avec tous les effets qui s'y trouveront renfermez, confiſquez au profit des fermiers généraux, envers leſquels leſdits Officiers ſeront en outre condamnez en une amende de cent livres, dont la retenue ſera faite ſur leurs appointemens.

XXVII.

LORSQUE ladite viſite devra être faite à l'entrée ou à la ſortie d'une place de guerre, le Commandant de la troupe ſera tenu, à la réquiſition qui en ſera faite par les employés, de la faire mettre en bataille avant que d'entrer dans la place, ou après qu'elle en sera sortie, & de commander des Officiers pour veiller à ce que la visite soit faite sans aucun trouble. Veut Sa Majesté que les Majors des places, & en leur absence les Aide-majors, se rendent aux portes, sur le lieu où la troupe sera en bataille, pour veiller à l'exécution de ce qui est en cela des intentions de Sa Majesté.

XXVIII.

Lesdits Majors ou Aide-majors rendront compte aux Commandans des places, de ce qui se sera passé dans lesdites visites; & en cas de désobéissance, ou de violence & de mauvais traitemens à l'égard des employés, lesdits Commandans en rendront compte aussi-tôt à Sa Majesté, qui rendra personnellement responsables les Chefs & Officiers conduisant la troupe, des dommages & intérêts de ses fermes, & de ceux qu'auront pu souffrir les employés maltraitez.

XXIX.

Tout Officier commandant une troupe en marche, sera responsable des contraventions commises par ceux étant sous ses ordres, & tenu en son nom de payer les amendes auxquelles ils pourront être condamnez.

XXX.

Pour ôter tout prétexte aux troupes, d'user de faux tabac, il y aura dans les cantines établies par les soins des fermiers généraux, une quantité suffisante de tabac pour leur fournir celui qui sera nécessaire pour leur consommation, sur le pied de douze sols la livre, poids de marc.

XXXI.

Le tabac sera fourni dans lesdites cantines, pour les Sergens & Soldats, & pour les Gendarmes, Brigadiers, Cavaliers & Dragons des troupes de Sa Majesté, tant françoises qu'étrangères, à raison d'une livre par mois chacun; leur fait Sa Majesté très-expresses inhibitions & défenses, d'en exiger une plus grande quantité; enjoignant Sa Majesté aux Commandans & autres Officiers desdites troupes, de tenir la main à l'exécution du présent article.

XXXII.

Les commis tenant lesdites cantines feront la distribution du tabac aux régimens ou compagnies, à proportion du nombre effectif d'hommes dont ils seront composez, suivant les revûes des Commissaires des guerres, lesquels pour cet effet leur délivreront un extrait desdites revûes, signé d'eux.

XXXIII.

Le tabac sera délivré les premiers jours de chaque quinzaine, à ceux qui seront chargez par les Officiers des régimens ou compagnies, de le recevoir pour tout le corps, & d'en faire la distribution en détail aux Gendarmes, Soldats, Cavaliers ou Dragons: Voulant Sa Majesté que les préposés auxdites recette & distribution, soient tenus de l'aller prendre dans la cantine de la ville où lesdits régimens ou compagnies seront en garnison ; & au cas que lesdits régimens & compagnies soient dispersez dans le plat-pays, qu'ils aillent le prendre à la cantine de la ville la plus prochaine des quartiers.

XXXIV.

LES Commandans ou Officiers chargez du détail de chaque troupe, seront tenus de donner tous les mois, & toutes les fois que ladite troupe changera de garnison ou de quartier, leur certificat au bas des extraits de revûes, de la quantité de tabac qui lui aura été fournie.

XXXV.

LES troupes qui auront reçu des ordres pour rentrer dans le royaume, seront tenues de se fournir au premier bureau général ou entrepôt de leur route, de tout le tabac de cantine dont elles auront besoin pour le tems de leur marche; & celles qui passeront d'une province dans une autre, seront pareillement tenues de se fournir à la cantine du lieu de leur garnison, du tabac qui leur sera nécessaire pour le tems qu'elles devront marcher; le tout conformément aux articles ci-dessus: au moyen de quoi, & lorsque les troupes auront omis de se fournir de tabac dans les endroits indiquez par le présent article, elles ne pourront en exiger dans les autres bureaux & cantines de leur route. Et afin que les commis puiſſent faire le décompte des quantités de tabac qu'ils devront fournir à proportion du nombre des jours certifiez par les routes ſur leſquelles leſdites troupes devront marcher, il leur en ſera fourni des copies, au bas deſquelles les Commandans ou Officiers chargez du détail, certifieront pareillement les quantités qui auront été délivrées pour le tems de la marche.

XXXVI.

A l'égard du ſel néceſſaire à la conſommation des troupes, Sa Majeſté a fixé à ſept livres le minot, non compris deux livres un ſol ſix deniers pour les droits manuels, le prix de celui qui leur ſera fourni dans les pays ſeulement où la gabelle a lieu. Cette fourniture ſera faite par les receveurs des greniers à ſel, à raiſon d'un quart de minot de ſel par mois pour quarante-deux Gendarmes, Cavaliers, Dragons ou Soldats, & à proportion pour un nombre plus petit ou plus grand ; de laquelle fourniture leſdits receveurs ſeront tenus de faire mention ſur leurs regiſtres.

XXXVII.

VEUT au ſurplus Sa Majeſté, que la préſente ordonnance ſoit ponctuellement exécutée ſelon ſa forme & teneur, nonobſtant tout ce qui pourroit s'y trouver de contraire dans les précédentes, auxquelles Sa Majeſté a dérogé & déroge par la préſente ; ſon intention étant qu'elle ſerve de régle à l'avenir dans tous les cas qui ſeront relatifs au commerce du faux ſel, du faux tabac & des marchandiſes de contrebande.

MANDE & ordonne Sa Majeſté aux Gouverneurs & ſes Lieutenans généraux en ſes provinces, Gouverneurs particuliers de ſes villes & places, Intendans & Commiſſaires départis dans leſdites provinces, aux Directeurs & Inſpecteurs généraux de ſes troupes, Colonels, Meſtres-de-camp & autres Officiers deſdites troupes, & aux Commiſſaires des guerres ordonnez à leur conduite & police, de tenir la main, chacun à ſon égard, à l'exacte obſervation & exécution de la préſente, laquelle Sa Majeſté veut être lûe, publiée & affichée par-tout où beſoin ſera, à ce qu'aucun n'en prétende cauſe d'ignorance; & qu'aux copies d'icelles, dûement collationnées, foi ſoit ajoûtée comme à l'original. FAIT à Fontainebleau le premier octobre mil ſept cens quarante-trois. *Signé* LOUIS. *Et plus bas,* M. P. DE VOYER D'ARGENSON.

Collationné à l'Original par Nous E'cuyer, Conſeiller-Secrétaire du Roy, Maiſon-Couronne de France, & de ſes Finances.

www.ingramcontent.com/pod-product-compliance
Lightning Source LLC
LaVergne TN
LVHW010015230826
846092LV00002B/825

* 9 7 8 2 3 2 9 6 0 7 1 8 4 *